Sandra Weiss

Altersarmut in der Kein-Respekt-Rente

Die Deutsche Nationalbibliothek verzeichnet diese Publikation in der Deutschen Nationalbibliografie; detaillierte Daten sind im Internet über www.dnb.de abrufbar.

1. Auflage
©2019 Sandra Weiss
Herstellung und Verlag:
BoD – Books on Demand, Norderstedt

ISBN: 9-783748-163534

Dieses Buch ist allen Menschen gewidmet,
die im reichen Deutschland
darauf angewiesen sind,
Pfandflaschen zu sammeln,
weil sie sich sonst nichts zu essen kaufen können

Heute war ich zum letzten Mal in meinem Leben beim Friseur. In sechs Wochen gehe ich in Rente und kann mir einen Besuch beim Friseur dann nicht mehr leisten. Ein neuer Haarschnitt und Strähnchen kosten 70 Euro. Meine Rente wird 715 Euro betragen. Bei 500 Euro Festkosten für eine Einzimmerwohnung, Strom und Telefon bleiben mir 215 Euro für Essen und Leben. Ein Friseurbesuch ist finanziell nicht mehr drin.

Ich bin eine Frau. Ich bin 65 Jahre und ein paar Monate alt. Ich habe zwei medizinische Frauenberufe gelernt und über 45 Jahre in diesen Berufen selbständig gearbeitet. Ich habe zwei Kinder alleine großgezogen. Beide Kinder sind Akademiker. Als allein erziehende Mutter stand ich vor der Frage, ob ich meinen Kindern etwas zum Essen kaufe oder in meine persönliche Rentenvorsorge investiere. Die Unterbezahlung der Frauenberufe ließ mir keine Wahl. Ich musste mich 25 Jahre lang für Ersteres entscheiden. Das Ergebnis sind die 715 Euro Rente.

Ich bin eine Frau und ich bin wütend. Soll ich mich in Zukunft am Altglascontainer mit weiteren fünf Millionen Armutsrentnern um Pfandflaschen streiten? Soll ich mich bei der Tafel anstellen? Soll das die Anerkennung meiner Lebensleistung sein? Ich bin sehr wütend.

Nein, ich werde keine Pfandflaschen sammeln. Ich werde mich nicht bei der Tafel anstellen. Ich werde auch nicht zum Sozialamt schleichen und um Grundsicherung betteln. Da mir meine Wut und mein Stolz aber auch nicht mehr Rente bringen und ich nicht neben einem dreckigen Altglascontainer enden will, habe ich mich entschieden, Deutschland zu verlassen.

Bevor ich diesem Land aber den Rücken kehre, weil ich mir als Deutsche in Deutschland nach 45 Jahren Arbeit mit meiner Rente keinen Friseurbesuch mehr leisten kann, werde ich, ohne ein Blatt vor den Mund zu nehmen, aufschreiben, was ich davon halte. Was ich davon halte, dass tüchtige und fleißige Menschen, die ihr Leben lang gearbeitet und Kinder großgezogen haben und die in sozialen Berufen ihrer gesellschaftlichen Aufgabe nachgegangen sind, von diesem Land in Altersarmut abgeschoben werden. Ohne ein Wort des Bedauerns. Und ohne die geringste Scham.

Ich weiß, dass ich nicht der einzige Mensch bin, die einzige Frau, die mit so einer mickrigen Rente abgespeist wird. Die nach einem Leben voller Arbeit mit leeren Händen da steht. Ich weiß, dass es vielen so geht. Ich weiß auch, dass es zukünftigen Generationen im Alter finanziell noch schlechter gehen wird. Dass sie mit ihrer zu erwartenden Rente keinen netten Lebensabend mehr erwarten können. Alle Statistiken zur Entwicklung der Rente weisen heute schon darauf hin. Ich begreife nur nicht, mit welchem Langmut die jetzigen und zukünftigen Rentner diesen Umstand hinnehmen.

Ich war heute beim Friseur. Natürlich nicht zum letzten Mal in meinem Leben. Aber zum letzten Mal in Deutschland. Mein Haar wird in einem anderen Land weiter wachsen und von Zeit zu Zeit eines neuen Haarschnitts bedürfen.

Ich will nämlich weder neben einem dreckigen Altglascontainer noch mit zotteligen ungepflegten Haaren enden. Das verbietet mir meine Menschenwürde. Und genau die, diese Würde, lasse ich mir auch im Alter nicht nehmen.

Letztes Jahr im Sommer, mitten in der Hitze von 2018, habe ich mein Zelt, einen Schlafsack und Proviant eingepackt und bin an kleinen Fluss hier in der Nähe auf einen Campingplatz gefahren. Mein Sommerurlaub. Sieben Tage wollte ich, besser gesagt: konnte ich bleiben. Mehr gab mein Portemonnaie nicht her.

Auf dem Stellplatz neben meinem Zelt stand ein Wohnmobil. So eine rollende Einzimmerwohnung mit integrierter Küche und Bad. Ein netter Herr war der Besitzer des teuren Gefährts. Da er nicht nur nett, sondern meines Alters und genauso wie ich allein reisend und allein stehend war, kamen wir direkt ins Gespräch. Er erzählte mir, dass er Rentner sei und den Sommer über in Deutschland mit seinem Wohnmobil unterwegs wäre. Am dritten Tag lud er mich ein, es zu besichtigen. 70.000 Euro hätte es nur gekostet. Neu und mit allem Schnickschnack. Im Winter stünde es wohlverwahrt in einer separaten Garage, die er sich an sein Eigenheim mit großem Garten extra für das Gefährt hätte bauen lassen. Er lächelte mich mit seinen schneeweißen Zahnimplantaten freundlich an und war sichtlich stolz auf sein Wohnmobil, das Haus und die Garage. Ich fragte ihn, ob er Kinder habe und welchen Beruf er vor der Rente ausgeübt hatte. Er hatte zwei Kinder und als Beamter bei einer Behörde gearbeitet. Er sei geschieden, die Kinder wären bei seiner Ex aufgewachsen. Der Herr war wirklich sehr nett und ich begann mir vorzustellen, wie es wäre, wenn ich mich in ihn verlieben und mit ihm zusammen den Sommer in dem schicken Wohnmobil und den Winter im Eigenheim mit Garten verbringen würde. Am fünften Tag lud ich ihn ein, mein Zelt zu besichtigen. Ein Einmannzelt für 30 Euro. Gibt es eigentlich auch Einfrauzelte? Er fand es süß, wie ich so rustikal in meinem Zelt lebte. Er fragte mich, ob ich Kinder habe und welchen Beruf ich vor meiner baldigen Rente ausüben würde. Meine Kinder sind bei mir aufgewachsen und ich arbeite in zwei medizinischen Frauenberufen. Das fand er ebenfalls süß und bescheinigte mir, eine sehr patente und tüchtige Frau zu sein. Wir flirteten. Wir gingen zusammen essen und mehrmals eine Runde um den Campingplatz spazieren. Mehr nicht. Am Ende meines Urlaubs hatte ich Schmetterlinge im Bauch, wir tauschten unsere Handynummern aus und dann fuhr ich nach Hause.

Sechs Wochen lang schrieben wir uns fast täglich Nachrichten über Whatsapp. Galante freundliche liebevolle Nachrichten. Dann schrieb er mir, dass er im Herbst mit seinem Wohnmobil erst nach Italien und später ein paar Wochen nach Frankreich fahren wolle. Er hätte Zeit, es sei ihm langweilig und den Sommer im Süden zu verlängern, wäre doch eine prima Idee. Er fragte, ob ich mitfahren wolle. Ich schaute in mein Portemonnaie und sagte nein. Er kam mich besuchen, sah meine Einzimmerwohnung, hörte, dass ich von meiner baldigen Rente nicht zum Friseur gehen und schon gar nicht mehrere Wochen in den Süden fahren könne. Er nickte, fuhr nach Italien und später ein paar Wochen nach Frankreich und ich bekam nie mehr eine Whatsapp von ihm.

Warum ich diese Geschichte aufschreibe, ist nicht, um zu zeigen, wie schwierig es ist, sich als arme Socke einen reichen Mann zu angeln, sondern dass es diese so genannten Silver Ager, die in den Zeitschriften, der Werbung und im Internet auftauchen, tatsächlich gibt. Menschen mit einer guten Rente, mit Eigenheim und Garten und separater Garage für das Wohnmobil, mit dem sie achtmal im Jahr in Urlaub fahren und die restliche Zeit auf einem Kreuzfahrtschiff verbringen. Ohne jegliche finanzielle Sorgen.

Offenbar ist es lukrativer, die Kinder bei der Ex abzuladen und von Montagfrüh bis Freitagmittag bei irgendeiner Behörde Papier von rechts nach links zu schieben als alleine Kinder großzuziehen, Samstags, Sonntags, Heiligabend und in der Nacht Verantwortung für mehrere Menschenleben zu tragen und sich jahrzehntelang den Buckel krumm zu arbeiten.

Mein Silver Ager war entschwunden. Vielleicht war es auch gut so, denn ein Mann, der sich verkrümelt, weil er Angst hat, dass er mir eventuell finanziell unter die Arme greifen müsste, ohne mich vorher zu fragen, ob ich das jemals wollen würde, den brauche ich sowieso nicht in meinem Leben.

Genauso wenig brauche ich in meinem Leben das entgegengesetzte Bild des Rentners in Funk, Fernsehen und Zeitschrift. Die bescheidene Omi, die den Enkeln in Ermangelung einer gescheiten Rente aus aufgeribbelten Pullovern aus dem Ersten Weltkrieg zum Geburtstag hingebungsvoll Socken strickt. Zu Heiligabend kommt die Aktion Weihnachtslicht der hiesigen Zeitung, gerne mit einem Bürgermeister im Schlepptau, zu Besuch in die winzige Wohnung und schenkt Omi neue warme Winterschuhe. Vor lauter Rührung und Dankbarkeit kleckert sie mit ihren Tränen die Wolle voll. Lebt sie doch anspruchslos den Rest des Jahres von einem Scheibchen Brot und einem Achtel Streichwurst. Der Bürgermeister und die fotografierenden Journalisten fühlen sich großartig. Sie haben ein gutes Werk getan. Omi hat wenigstens warme Füße, wenn sie zur Krankenkasse schlurft, um zu hören, dass es kein Geld für ihren Rollator gibt und sie ihre Herztabletten in der Apotheke leider von der Rente selber bezahlen muss.

Dass Omi ohne Waschmaschine und Trockner in der mit Kohle beheizten Bude einem Stall voll Kindern jahrelang die verkackten Windeln mit der Hand gewaschen hat und ihr Leben lang für das deutsche Wirtschaftswunder gerannt ist, interessiert keinen. Dass sie die 364 Tage im Jahr, an denen nicht Heiligabend ist, Heizung und Licht abdreht, weil nicht genug Geld für Gas und Strom da ist, interessiert auch keinen.

An ihrem hundertsten Geburtstag wird der Bürgermeister mit einem Blumenstrauß wieder bei ihr auftauchen und sich wundern, wenn sie in der Zwischenzeit erfroren ist. Vermutlich an sozialer Kälte.

Es gibt viele von diesen Frauen in Deutschland. Diese Frauen, es sind selten Männer, fast alles Frauen, die heute etwa achtzig Jahre alt sind. Eine unsichtbare Generation von Frauen. Die nie etwas hatten. Die auch heute nichts haben. Die immer viel zu bescheiden waren, irgendetwas für sich zu fordern. Die nie Hilfe in Anspruch nehmen würden und sich ein Loch in den Bauch freuen, wenn sie ein Paar warme Winterschuhe geschenkt bekommen.

Ich schäme mich jedes Jahr an Heiligabend aufs Neue, wenn ich in der Zeitung von der Aktion Weihnachtslicht lese.

Meine Generation hat gelernt, für ihre Arbeit an der Mütter- und Hausfrauenfront, ohne die das gesamte gesellschaftliche System ja innerhalb von wenigen Tagen zusammenbrechen würde, was aber keiner sagen darf, eine Anerkennung für diese Arbeit einzufordern. Mit ein paar kleinen Punkten auf dem Rentenbescheid bekommen wir die jetzt wenigstens in Form der Mütterrente.

Da mein entschwundener Silver Ager mit seinem Wohnmobil in seinem Für-Immer-Urlaub unterwegs war, hatte ich nun genügend Zeit, darüber nachzugrübeln, wie mein zukünftiges Leben in Rente aussehen würde. Ich grübelte lange.

715 Euro würden monatlich auf mein Konto kommen. Bereinigt von Beiträgen für Krankenkasse und Pflegeversicherung. 450 Euro für meine Einzimmerwohnung, 50 Euro für Strom, Telefon und Internet. Versicherungen habe ich keine. Kann ich mir nicht leisten und brauche ich auch nicht, da ich nichts Wertvolles besitze.

Es bleiben also 215 Euro. Bei dreißig Tagen im Monat hätte ich pro Tag exakt 7,16 Euro zur Verfügung. Dafür kann ich mir einen Liter Milch, ein Scheibchen Brot, ein Achtel Streichwurst, einen Kopfsalat und drei Kartoffeln kaufen. Wenn ich sparsam bin, geht auch noch eine Handvoll Reis und eine Tüte Spaghetti. Wenn ich neues Haarshampoo und Waschpulver brauche, kann ich Reis und Spaghetti diesen Monat lassen. Wenn ich mir eine neue Unterhose kaufen muss, lasse ich auch Milch, Brot, Kopfsalat, Streichwurst und Kartoffeln für diesen Monat weg. Das mit dem Essen würde also von den 215 Euro schon klappen.

Was nicht so gut klappen würde, wäre meine weitere Teilhabe an sozialen und gesellschaftlichen Aktivitäten. Mit einer Freundin im Cafe einen Kaffee trinken gehen: 3,50 Euro oder einen halben Tag nichts zu essen. Kino: eineinhalb Tage. Theaterbesuch: drei Tage.

Einen Kurs bei der Volkshochschule buchen: mehr als eine Woche kein Essen. Ich würde mich in Zukunft jeden Tag neu entscheiden müssen, ob ich mir etwas zu essen kaufen oder ins Kino, zu einem Kurs oder Kaffee trinken gehen kann. Soziale und gesellschaftliche Aktivitäten sind sowieso vollkommen überbewertet. Vor allem für alte Leute. Alte Leute sind doch zufrieden, wenn sie in Ruhe aus dem Fenster gucken können. Das kostet nichts. Genauso wie mit dem Rad einen Ausflug machen. Das kostet auch nichts, ist aber in den sechs langen Wintermonaten in Deutschland nicht besonders schön. Im Winter müsste ich frierend und allein zuhause auf dem Sofa sitzen und Socken stricken. Aus aufgeribbelten Pullovern. Da mein Vermieter, ein global agierender Konzern, der dem Staat und den Gemeinden zwecks wundersamer Geldvermehrung vor Jahren fast alle Sozialwohnungen abgekauft hat, selbstverständlich kein Geld hat, um die Heizungsanlage zu modernisieren, würde ich in den sechs Wintermonaten Heizkosten verursachen, die ich mir nur leisten kann, wenn ich das Essen für drei Monate komplett einstelle. Wie immer ich die Sache mit dieser Teilhabe auch drehe und wende, es würde nicht wirklich gut klappen.

Was überhaupt nicht klappen würde, wäre mein Vergnügen. Der goldene Herbst oder die Früchte meines Lebens genießen. Reisen zum Beispiel. In den vielen Jahren als allein erziehende, die ganze Woche herumrennende Mutter, Hausfrau und Berufstätige, habe ich gedacht, dass ich später, wenn die Kinder erwachsen sind, ein paar schöne Reisen machen will. Die Welt und etwas anderes als Wäscheberge sehen. Neue interessante Menschen und Kulturen kennen lernen. Entspannen und genießen. Den Sommer im Süden verlängern. So habe ich mir das vorgestellt. Als Belohnung für das Herumrennen.

Von 215 Euro kann man nicht verreisen. Noch nicht mal sieben Tage auf einen Campingplatz in der Nähe. Von einer Kreuzfahrt ganz zu schweigen. Der goldene Herbst und die Ernte der Früchte meiner lebenslangen Arbeit verfaulten mir vor den Augen.

Nachdem ich sehr lange darüber nachgegrübelt hatte, wie mein zukünftiges Leben in Rente aussehen würde, wurde mir klar, dass es auf Deutsch gesagt, beschissen aussah.

Lebendig begraben. Allein und verarmt. Soziale und gesellschaftliche Aktivitäten unbezahlbar. Ein Sterben auf Raten. Ich müsste jeden Cent viermal umdrehen und auf alles, was mir Freude macht, verzichten. Ich würde, außer zu essen und zu wohnen, nur noch auf meinen Tod warten. Eine unerträgliche Zukunftsperspektive. Ich fühlte mich trostlos. Ich wollte nicht lebendig begraben sein. Das war nicht meine Vorstellung von einem guten Alter.

Es war mir nicht möglich, meine trostlose Zukunftsperspektive mit meinen Kindern zu besprechen. Den beiden Akademikern, die Deutschland längst verlassen hatten. Nach USA und nach anderswo. Weil sie hier keine positive Zukunft mit beruflicher Sicherheit und Stabilität sahen. Weil ihnen hier die Perspektive für ein gutes Leben fehlte. Weil sich mit einem schlecht bezahlten befristeten Job keine Familie gründen lässt.

Diese, auch brain drain genannte Abwanderung von intelligenten und fleißigen Menschen hat letztes Jahr einen Höhepunkt erreicht. Fast eine viertel Million Akademiker und gut Ausgebildete haben Deutschland im Jahr 2018 verlassen. Die Politik findet das nicht so schön, tut aber wenig, um den jungen und zu Leistung motivierten Leuten Chancen anzubieten. Stattdessen werden sie von vorne bis hinten mit Verordnungen und Richtlinien gegängelt und, wenn sie sich beispielsweise mit einer innovativen Idee selbständig machen wollen, mit Behördenkram so lange genervt, bis sie entnervt aufgeben.

Meine Kinder haben nach ihrem Universitätsdiplom nicht aufgegeben, sondern ihre Koffer gepackt. Heute sagen sie, dass das die beste Entscheidung ihres Lebens war und dass das, was sie in USA und anderswo erreicht haben, im trägen Deutschland niemals möglich gewesen wäre.

Ich wollte meine Kinder, weit weg in ihrem neuen Leben, nicht mit meinen finanziellen Problemen belasten. Ich wollte mich aber auch nicht weiter so trostlos fühlen.

Ich ging, deprimiert von meiner öden Zukunftsperspektive, zu meinem Arzt. Untersuchen wir erstmal Blutdruck und Cholesterin, schlug er vor. Blutdruck war gut, Cholesterin zu hoch. Sie sollten ab sofort Medikamente nehmen, schlug er vor und schilderte mir die Folgen eines zu hohen Cholesterinwertes. Vom Herzinfarkt bis zum Schlaganfall. Da ich in zwei medizinischen Frauenberufen ausgebildet bin und mehr als 45 Jahre darin gearbeitet habe, lehnte ich das ab und erzählte ihm, dass ich mein vor mir liegendes Leben mit zerrupften Haaren verbringen müsste, weil ich nicht mehr zum Friseur gehen könne, abmagern würde, weil ich mir nichts mehr zu essen kaufen könne und völlig verrottete Zähne haben würde, weil ich für die Füllung beim Zahnarzt 80 Euro bezahlen müsse, die ich nicht im Portemonnaie habe. Von schneeweißen Implantaten ganz abgesehen. Ich sagte ihm, dass mich das depressiv und unglücklich macht und nicht mein Cholesterinspiegel. Der Doktor beharrte auf dem Cholesterin. Wenn Sie die Medikamente nicht sofort nehmen, werden Sie vielleicht früher sterben. Ich erwiderte ihm, dass mir mein vor mir liegendes Leben sowieso schon vorkam wie Sterben auf Raten und lebendig begraben sein und dass es mir deshalb egal sei, früher zu sterben. Der Arzt schaute mich an, als ob er sich in seiner gesamten Berufslaufbahn noch nie damit befasst oder davon gehört hatte, dass Menschen aufgrund finanzieller Sorgen und Not deprimiert sein können. Wenn Sie sich schlecht fühlen, müssen Sie neben den Cholesterintabletten ein Antidepressivum einnehmen, sagte er. Ich verschreibe Ihnen eins, Sie können das Rezept an der Rezeption abholen, sagte er noch und verschwand.

Ich war dankbar für seine empathische Hilfe. Ich hätte ihm gerne noch gesagt, dass ein Antidepressivum bestimmt wunderbar gegen Altersarmut hilft. Ich hätte ihm gern noch die Idee unterbreitet, die flächendeckende Verabreichung dieser Zauberwaffe der modernen Medizin der Bundesregierung als Allheilmittel vorzuschlagen. Als Allheilmittel gegen Kinderarmut, von der mittlerweile jedes fünfte Kind betroffen ist, gegen die Armut, in der dreiviertel aller allein erziehenden Mütter leben und gegen die Armut von Minijobbern und Geringverdienern. Vielleicht wäre die Beimischung direkt ins Trinkwasser möglich. All das hätte ich ihm gerne noch gesagt, aber er war mit seinem Audi A8 schon zum Golfen abgedampft.

Ohne meinen, unwillig mich durchzufütternden Silver Ager und ohne chemisch mich fröhlich machende Hilfe, saß ich weiterhin deprimiert zuhause und beschloss, mit der Rentenversicherung zu telefonieren. Noch hatte ich das offizielle Renteneintrittsalter nicht erreicht und meine Rente nicht beantragt. Ich würde mich kundig machen, unter welchen Bedingungen ich in Rente weiter arbeiten könnte. Eine andere Lösung blieb offensichtlich nicht. Arbeiten, bis ich tot umfalle.

Es schien mir die bessere Lösung zu sein, im Alter von 80 Jahren neben einem frisch operierten Patienten, neben einer gebärenden Frau oder vor den Füßen einer anderen 80-Jährigen, der ich gerade beim Klogang half, an meinem Cholesterinwert tot umzufallen, als bis an mein Lebensende in Armutsrente zu leben.

Die Dame am Telefon der Rentenversicherung war sehr nett. Sie konnte mich anhand meiner Versicherungsnummer identifizieren und sofort sehen, dass ich noch fünf Monate bis zum offiziellen Renteneintrittsalter hatte. Sie konnte auch die Höhe meiner in fünf Monaten zu erwartenden Rente sehen. Sie erklärte mir, dass ich aufgrund meines Alters und des Versicherungsverlaufs gerne schon jetzt Rente beantragen dürfe. Aber warum, fragte sie, wollen Sie in vorgezogene Rente gehen, fragte sie mich. Sie haben doch so einen schönen Beruf. Ich sagte ihr, dass ich als allein erziehende Mutter schon 45 Jahre Samstags, Sonntags, Heiligabend und in der Nacht

Verantwortung für mehrere Menschenleben getragen hätte und ein bisschen müde und erschöpft sei und mir außer Arbeit noch etwas Erfreulicheres vorstellen könne. Das verstand sie. So von Frau zu Frau. Wenn Sie in vorgezogene Rente gehen, wird Ihnen aber bis zum Lebensende Geld von der Rente abgezogen. Sie rechnete mir aus, dass es sich dabei um ungefähr sechs Euro pro Monat handeln würde. Ich rechnete schnell gegen und kam auf 1.440 Euro, um die mich die Rentenkasse betuppen würde. Sechs Euro im Monat sind 72 Euro im Jahr, wenn ich noch zwanzig Jahre lebe, also 85 werde, sind das insgesamt 1.440 Euro. Weil ich die cholesterinsenkenden Medikamente abgelehnt habe und deshalb vielleicht sowieso früher sterbe, dachte ich, dass mir die sechs durch die Lappen gehenden Euro im Monat völlig egal sind. Wenn ich eine vorgezogene Rente beantrage, die 715 minus sechs Euro beträgt und ich von 709 Euro nicht leben kann, wie viel darf ich dann dazu verdienen, fragte ich die Dame. Wenn Sie Ihre Rente in voller Höhe erhalten möchten, dürfen Sie die Hinzuverdienstgrenze von 6.300 Euro im Jahr nicht überschreiten. Überschreiten Sie mit Ihrem Hinzuverdienst diese Grenze, wird ein Zwölftel des Betrags, der darüber hinausgeht, zu 40% auf Ihre Rente angerechnet. Das mit den 40 Prozent und dem Zwölftel konnte ich nicht so schnell rechnen. 6.300 Euro im Jahr sind 525 Euro im Monat. Ich darf also 525 Euro im Monat dazu verdienen, fragte ich. Ja, sagte die Dame und freute sich, dass ich so gut rechnen kann. Gilt die Hinzuverdienstgrenze für alle, die in vorgezogene Rente gehen, fragte ich weiter. Ja, gilt für alle. Egal wie hoch die Rente ist? Ja, egal wie hoch sie ist. Jemand mit 2.400 Euro Rente hat also die gleiche Hinzuverdienstgrenze wie ich mit 709 Euro? Ja, die Grenze ist für alle gleich. Aber das ist ungerecht, sagte ich. Nein, es ist ausgesprochen gerecht, erwiderte die Dame, denn alle, die in vorgezogene Rente gehen, dürfen 525 Euro dazu verdienen. So gerecht wie das indische Kastensystem, sagte ich, einmal arm, immer arm. Vermutlich wusste die Dame nicht, was das indische Kastensystem ist, denn sie versuchte mir nochmal zu erklären, dass die Hinzuverdienstgrenze eine für alle vorgezogenen Rentner gerechte Lösung sei. Der Teufel scheißt halt immer auf den dicksten Haufen erwiderte ich ihr. Sie kicherte. Ich nicht. Ich dankte für die Auskunft und freute mich, dass sich die Rentenkasse mir gegenüber ebenso empathisch wie mein Arzt verhielt.

Bei diesen trüben Aussichten für mein finanzielles Überleben im Alter, wollte ich nach diesem Telefonat einmal nachforschen, was Vater Staat eigentlich für Rentner wie mich in den letzten Jahren auf den Weg gebracht hat.

Im Jahr 2011 wurde in der Bundesregierung die so genannte Zuschussrente diskutiert. Bedingung, um sie zu erhalten, sollten 45 Jahre Mitgliedschaft in der gesetzlichen Rentenversicherung sein, Schuljahre, Ausbildung, Studium, Krankheitszeiten, sowie Zeiten von Arbeitslosigkeit und Schwangerschaft werden angerechnet. 30 Jahre müssen Beiträge eingezahlt worden sein, damit Anspruch auf den Zuschuss besteht, zudem sind mindestens fünf Jahre private Rentenvorsorge nachzuweisen. Dieser steuerfinanzierte Zuschuss, der die Renten bis zum Betrag der Grundsicherung erhöhen sollte, wurde vom Arbeitskreis "Regierungsdialog Rente" ausgedacht und sollte im Jahr 2013 in Kraft treten.

Im Jahr 2012 wurde aber bereits eine neue Idee diskutiert, die so genannte Lebensleistungsrente. Was das genau sein und wie diese sich von der vorherigen Zuschussrente unterscheiden sollte, blieb unklar. Der Name Lebensleistungsrente hörte sich aber schon mal gut an.

Scheinbar war der Name nicht gut, denn im Jahr 2013 diskutierte man wieder über eine neue Idee mit einem neuen Namen, die so genannte solidarische Lebensleistungsrente. Grundlage sollte sein, die einzelnen Entgeltpunkte der Rente nach einer stattzufindenden Bedürftigkeitsprüfung bis zur Grundsicherung aufzuwerten. Diese Rente sollte im Jahr 2017 in Kraft treten.

Im Jahr 2016 wurde allerdings nicht mehr um die Zuschussrente, um die Lebensleistungsrente und die solidarische Lebensleistungsrente diskutiert, sondern um die gesetzliche Solidarrente. Wie diese sich wiederum von der vorherigen Idee unterscheiden sollte, blieb ebenfalls unklar.

Der Name war offensichtlich auch nicht gut, denn aktuell wird über die so genannte Respekt-Rente diskutiert, die diesmal aber auf jeden Fall die Rente bis zum Betrag der Grundsicherung erhöhen und bei der die Bedürftigkeitsprüfung wegfallen soll. Spätestens im Jahr 2021 wird sie in Kraft treten.

Man darf gespannt sein, welche Idee mit welchem Namen im nächsten Jahr diskutiert werden wird. Ebenso gespannt darf man sein, ob Vater Staat es irgendwann hinkriegen wird, das immer mehr zunehmende Problem der Altersarmut irgendwann zu lösen, denn von allen Ideen seit dem Jahr 2011 wurde nichts umgesetzt.

Nichts außer politischem Palaver.

Und ebenfalls nichts außer Erhöhung der Abgeordnetendiät. Im Jahr 2011 betrug diese 7.768 Euro, heute sind es über 10.000 Euro im Monat. Steuerfreie Aufwandspauschalen und Nebeneinkünfte nicht mitgerechnet. Ich gönne jedem Politiker sein Gehalt, solange mir nach 45 Jahren Knochenarbeit wenigstens eine Rente in Höhe der Grundsicherung gegönnt wird. Ohne Bedürftigkeitsprüfung. Wenn ich Politiker/in wäre, bekäme bei mir ohnehin jeder, der ein Kind oder mehrere Kinder verantwortlich großgezogen hat, eine steuerfreie Grundrente von 1.000 Euro im Monat. Automatisch und ohne jede Bedingung. Als Anerkennung der Lebensleistung. Ich müsste nur noch einen wohlklingenden Namen dafür erfinden und glaubhaft erklären, dass diese Rente spätestens im Jahr 2099, allerspätestens aber am St.Nimmerleinstag in Kraft treten wird.

Da noch am St.Nimmerleinstag, genauso wie heute, jeder, der ein Kind oder mehrere Kinder großzieht, zu 90% eine Frau sein wird, widmet sich dieses Kapitel speziell der Altersarmut von Frauen.

Durchschnittlich 606 Euro betrug im Jahr 2018 die Rentenhöhe bei Frauen. Durchschnittlich sind also Frauen im Rentenalter noch ärmer als ich mit meinen 715 Euro im Monat. Rund 21 Millionen Rentner gibt es in Deutschland. Gut die Hälfte davon sind Frauen. Demnach müsste es circa zehn Millionen Frauen im Land geben, die von extremer Altersarmut betroffen sind. Diese zehn Millionen Frauen gibt es aber nicht, denn die meisten Rentnerinnen sind verheiratet und haben ihre 606 Euro Rente zusätzlich zu der meistens viel höheren Rente ihrer Männer. So weit, so gut.

Das Problem beginnt da, wo Frauen keinen Mann haben. Nicht oder nicht mehr verheiratet sind oder nie verheiratet waren. Eben Frauen ohne sie finanzierenden Ehegatten. Allein stehende Frauen, allein erziehende Mütter und Witwen. Das deutsche Rentensystem beruht also auf einer Gleichberechtigung zwischen Mann und Frau wie im Mittelalter. Genauso weit, weniger gut.

Das Problem steigert sich, weil zum einen immer weniger Frauen einen Ehegatten haben, entweder weil sie nie verheiratet waren oder er im Laufe des Lebens durch Scheidung oder Tod abhandengekommen ist und zum zweiten, dass, selbst wenn sie noch einen haben, dieser heute und vor allem in Zukunft auch nur noch eine

Armutsrente erhalten wird. Durchschnittlich 1.078 Euro betrug im Jahr 2018 die Rentenhöhe bei Männern. Durchschnittlich hat also ein Rentnerpaar 1.700 Euro im Monat. Geteilt durch zwei sind das für jeden 850 Euro.

Das Problem steigert sich weiter. Die Babyboomer-Generation, die Menschen, die in den Jahren zwischen 1955 und 1969 geboren wurden und, in Erwartung einer guten Zukunft, noch viele Kinder, sprich neue Rentenzahler, in die Welt gesetzt haben, kommen jetzt ins Rentenalter. Hauptsächlich sind es Frauen. Frauen, die, wie es in diesen Jahren noch üblich war, nach der Geburt ihrer Kinder länger zuhause geblieben sind. Es gab keine Betreuung für unter Dreijährige oder Erziehungsgeld. All diese Frauen haben nur sehr kleine Rentenansprüche erworben. Dazu kommen die steigenden Zahlen von allein erziehenden Müttern. Fast drei Millionen dieser Frauen gibt es in Deutschland. Dreiviertel von ihnen leben mit ihren Kindern bereits unterhalb der Armutsgrenze und eine Rente, von der sie existieren können, werden sie mit Sicherheit niemals erhalten.

Das Problem wird also in absehbarer Zeit eskalieren.

Vater Staat palavert politisch trotzdem nach wie vor so herum, als ob alle Frauen mit einem sie sehr gut finanzierenden Ehegatten, mehreren Immobilien und einigen zu erwartenden lukrativen Erbschaften gesegnet sind.

Die Wirklichkeit sieht anders aus. Der Anteil armutsgefährdeter Frauen stieg in den letzten zehn Jahren von 13% auf 18%. Im Jahr 2006 waren fünf Millionen Frauen von Armut im Alter bedroht, heute sind es sieben Millionen. Etwa 40% aller Frauen mit ihrer Durchschnittsrente von 606 Euro haben diese 606 Euro im Monat und sonst nichts. Sie müssen zum Sozialamt betteln gehen. Von den circa 500.000 Empfängern von Grundsicherung im Alter sind 75% Frauen und 25% Männer betroffen.

Gleichberechtigung sieht ebenfalls anders aus. Frauen können nur das gleiche Rentenniveau wie Männer erreichen, wenn sie, wie der statistische Eckrentner, von dem im nächsten Kapitel die Rede sein wird, 45 Jahre Vollzeit durcharbeiten, immer Durchschnittslohn erhalten und volle Beträge in die Rentenkasse einzahlen.

Die Frage ist nur, wer sich dann um die Kinder kümmert. Weil es bis heute für diese Frage weder politisch noch gesellschaftlich eine Antwort, geschweige eine Lösung gibt, wird die Altersarmut bei Frauen zunehmen. Oder es wird keine Frauen mehr geben, die bereit sind, Kinder bekommen. In spätestens hundert Jahren hätte sich das Problem mit der Rente dann biologisch von allein gelöst. Keine Kinder mehr, keine nachfolgende Generation mehr, keine Rentenprobleme mehr.

Der Eckrentner, ein Phantom, das es in der Realität kaum gibt, der aber in der Rentenberechnung immer wieder auftaucht, ist eine rein statistische Person, die 45 Jahre Vollzeit zum immer gleichen Durchschnittslohn gearbeitet und volle Beiträge in die Rentenkasse eingezahlt hat. Dieser Eck- oder Standardrentner kann theoretisch mit 1.400 Euro Rente rechnen. Mit Bruttorente. Nach Abzug von Krankenkasse, Steuern und Pflegeversicherungsbeiträge, etwa 200 bis 300 Euro, bleiben ihm 1.100 bis 1.200 Euro.

Von diesem Geld kann er es dann richtig krachen lassen und den goldenen Herbst seines Lebens in vollen Zügen genießen. Aber erst, nachdem mehr als die Hälfte des Geldes für Miete, Telefon und Internet abgezogen sind. Und die Kosten für ein Auto. Und einen Urlaub. Und einen Stadtbummel, einen Besuch im Cafe mit Freunden und eventuell nötigem Zahnersatz.

Bereits bei der rein statistischen Berechnung der Rente läuft also einiges falsch. Wenn schon der theoretische Standardrentner mit seinem Durchschnittslohn in Altersarmut landet, wie ist es mit den weniger durchschnittlichen Lebensläufen bestellt.

45 Jahre durchgängige Erwerbstätigkeit kann kaum jemand mehr vorweisen. Männer kommen im Schnitt auf 42 Jahre, Frauen auf 30. Durch die fehlenden Jahre gibt es also ordentlich Punkteabzug bei der Rentenversicherung.

45 Jahre durchgängigen Durchschnittslohn kann ebenfalls kaum

jemand mehr vorweisen. Bei einem offiziellen Renteneintrittsalter von 67 Jahren hätte dieser statistische Herr Jemand seit dem Alter von 22 Jahren theoretisch immer den gleichen Durchschnittslohn erhalten müssen, was praktisch vollkommen unmöglich ist. Wieder gibt es Punkteabzug bei der Rentenversicherung.

Das Ergebnis ist, dass dieses, die zu erreichenden Rentenpunkte berechnende Phantom, mehr Rente als real existierende Rentner hat, wobei schon das Phantom rechnerisch in Altersarmut landet und der real existierende Rentner als Mann mit 1.078 Euro und die Frau mit 606 Euro auskommen muss.

Vielleicht sollten der Rentenversicherung einmal Punkte für ihre Arbeit abgezogen werden. Von uns Durchschnittsrentnern. Für ein System, an dem seit Jahrzehnten erfolglos herumgedoktert wird und das uns zwingt, Pfandflaschen zu sammeln, uns bei der Tafel anzustellen oder beim Sozialamt betteln zu gehen.

Mittlerweile nun ohne meinen, unwillig mich durchzufütternden Silver Ager, ohne chemisch mich fröhlich machende Hilfe, ohne Möglichkeit, mich bis zum Alter von 80 Jahren zu Tode arbeiten zu können und ohne Chance, jemals ein anständiger Eckrenter zu sein, saß ich weiterhin deprimiert zuhause und beschloss, mit dem Amt für Grundsicherung zu telefonieren.

Die Dame am Telefon war nicht sehr nett. Sie kannte mich nicht, sie konnte mich nicht identifizieren und sie war auch nicht willens, mir zu helfen.

Ab wann müssen Sie Grundsicherung beantragen, fragte sie und erwiderte unwirsch, dass ich, wenn ich erst in fünf Monaten Rente bekäme, erst dann Grundsicherung beantragen könne und dass ich gefälligst auch dann erst anzurufen hätte. Offenbar gab es in ihrer Telefonleitung gerade Millionen von anderen Rentnern, die gerade von ihr eine Auskunft erwarteten, denn ohne jeden weiteren Gruß legte sie einfach auf. Ein winziges kleines bisschen kam ich mir vor wie ein Häuflein Dreck. Oder als hätte ich der Dame ein obszönes Angebot gemacht.

So schnell ließ ich mich aber nicht einschüchtern und ging ins Internet, um auf eigene Faust Informationen über die Beantragung und Bewilligung von Grundsicherung zu recherchieren. Auf dem Onlineportal meiner Stadtverwaltung konnte ich unter dem Suchbegriff „Grundsicherung im Alter" einen Antrag auf Gewährung von Leistungen nach dem SGB (Sozialgesetzbuch) XII finden und in Ruhe studieren.

Nachdem ich den Antrag einmal durchgelesen hatte, war es aber mit meiner Ruhe schon dahin. Zwei der insgesamt fünf Seiten des Antrags bestanden ausschließlich aus Drohungen, Verwarnungen und Belehrungen. Fast die Hälfte des Formulars sollte mich arme Rentnerin also schon abschrecken, überhaupt die Beantragung von Grundsicherung zu erwägen.

Von einer strafrechtlichen Verfolgung bis zu einer Freiheitsstrafe von bis zu zehn Jahren bei falscher Auskunft war die Rede. Einen Krankenhausaufenthalt hätte ich unaufgefordert und unverzüglich mitzuteilen. Meine Erben müssen eventuell überzahlte Gelder sofort zurückzuzahlen. Und ich hätte meinen Verbrauch von Strom und Gas darauf einzustellen, dass die Kosten für Energie nicht aus Sozialhilfemitteln übernommen werden.

Vor Schreck drehte ich sofort die Heizung ab und nahm mein Essen vom Herd. Meinen Kindern schrieb ich eine Whatsapp, dass sie, falls ich ins Krankenhaus käme oder sterben würde, überlegen sollten, unterzutauchen. Zusätzlich riet ich ihnen, sofort unterzutauchen, falls sie über 100.000 Euro im Jahr verdienen würden, da sie mich sonst ernähren müssten. Grundsicherung für arme Eltern reicher Kinder gibt es nämlich nicht.

Neben den Drohungen, Verwarnungen und Belehrungen enthielt

der Antrag für das Sozialamt natürlich auch ein paar vernünftige
Dinge und Fragen. Ob ich in den letzten drei Monaten umgezogen
bin? Ob und wie viel Bargeld und Sparvermögen und Immobilien
ich besitze? Ob ich in den letzten zehn Jahren Geld verschenkt
oder vererbt habe? Einen Augenblick dachte ich darüber nach, was
passieren würde, wenn ich schreiben würde, dass ich in den letzten
drei Monaten zwölfmal umgezogen bin, zehn Häuser in Citylage
besitze und vor kurzem fünf Millionen verschenkt habe.

Als Begründung, die in dem Antrag auf Rentnersozialhilfe neben
der Beantwortung aller Fragen zwingend darzulegen und Teil der
so genannten Bedürftigkeitsprüfung ist, würde ich schreiben: Die
Beantragung auf Gewährung von Leistungen nach SGB XII macht
mir so viel Spaß, dass ich es wenigstens einmal in meinem Leben
tun wollte.

Die Dame auf dem Amt für Grundsicherung rief ich nicht mehr an. Ich finde es nicht besonders schön, wie ein Häuflein Dreck behandelt zu werden oder mich so zu fühlen. Stattdessen überlegte ich, ob ich nicht doch die Grundsicherung in Anspruch nehmen sollte. Ob ich nicht in fünf Monaten den Antrag einfach ausfüllen und wegschicken sollte.

Nachdem man sich nackig gemacht hat, wird die Höhe der Hilfe anhand angemessener Mietkosten und sonstigem Anspruchsbedarf ermittelt. Der Regelsatz der Rentnersozialhilfe beträgt 416 Euro. In meinem Fall hätte ich einen Anspruch von 450 Euro für meine Einzimmerwohnung plus den Regelsatz. Die Rente als Einnahme abgezogen, bekäme ich etwa 151 Euro ergänzende Hilfe und hätte dann 866 Euro im Monat statt 715 Euro zum Leben.

Der Preis dafür wäre, dass ich bis zu meinem Lebensende einmal im Jahr meine gesamte finanzielle Situation offen legen muss, dass meine Kinder ihre finanzielle Situation einmal im Jahr offen legen müssen und dass ich über eventuelle Nebeneinnahmen akribisch Buch führen müsste. Dazu käme, dass ich mich bei so genannter Ortsabwesenheit wie ein Kleinkind jedes Mal beim Amt abmelden muss, da es seit dem Jahr 2017 das Gesetz gibt, dass sich Rentner nur vier Wochen im Jahr aus Deutschland entfernen dürfen. Wohlgemerkt nur Hartz IV-Rentner. Pensionäre und Silver Ager fallen natürlich nicht unter das Gesetz. Der gemeine Armutsrentner darf sich von den 151 Euro ergänzender Grundsicherung keinesfalls ein schönes Leben auf Mallorca machen oder den Sommer im Süden verlängern. Er könnte dort vielleicht auf die Idee kommen, dass in Deutschland ein System existiert, dass arme Rentner nicht nur demütigen, sondern aus Prinzip auch arm halten will.

Ausgestattet mit dieser Erkenntnis, druckte ich den Antrag auf Gewährung von Leistungen aus und schrieb als Begründung, dass ich in den letzten drei Monaten zwölfmal umgezogen bin, zehn Häuser in Citylage besitze, meine letzten fünf Millionen verschenkt habe und deshalb jetzt auf finanzielle Unterstützung angewiesen sei. Ich packte das Formular in einen Briefumschlag und brachte es zur Post.

Sicherheitshalber sah ich mich aber, während ich auf die Antwort vom Amt wartete, nach anderen Möglichkeiten um, mit denen ich im Alter vielleicht überleben könnte. Ich ging zu einer Tafel.

Im Jahr 1993 wurde die erste Tafel eröffnet. Gedacht war sie ursprünglich für Obdachlose. Heute gibt es knapp 1.000 Tafeln. 1,5 Millionen Menschen in Deutschland sind mittlerweile darauf angewiesen, sich mehrmals in der Woche dort etwas zu essen und ein bisschen menschliche Wärme abzuholen. Obdachlose, Migranten, Hartz IV-Empfänger, Alleinerziehende und vor allem Rentner. An vielen Orten gibt es spezielle Kindertafeln, wo die Zukunft unseres Landes wenigstens einmal am Tag eine warme Mahlzeit bekommt. Sogar Tiertafeln gibt es für Menschen, die ihrem Hund oder Katze, dem vielleicht letzten sie liebenden Wesen, was ihnen geblieben ist, kein Futter mehr kaufen können.

Ich stellte mich in die Schlange der geduldig Wartenden. Es war Januar und es war kalt. Vor mir eine alte Frau mit Rollator. Das Gehen und Stehen fiel ihr sichtlich schwer. Hinter mir eine junge Frau mit Kinderwagen und einem etwa zweijährigen Kind an der Hand. Das Baby schrie und das Kind quengelte. Beiden war kalt. Keiner bot den Frauen an, nach vorne zu gehen, um schneller ins Warme zu kommen. Ebenfalls in der Schlange standen viele ältere Männer, die Gesichter gezeichnet von ihrem Überlebenskampf auf der Straße oder ihrer Perspektivlosigkeit.

Es war ruhig. Es gab kein fröhliches Gespräch oder freundliches Lachen. Es gab auch keine Aggression. Jeder wartete und fror. Die Atmosphäre war wie auf einem Bild, das ich einmal gesehen hatte. Kriegsheimkehrer, beraubt ihrer Gesundheit und Hoffnung auf ein besseres Leben, die in einer Reihe an einer Suppenküche anstehen. Ich dachte, dass all diese Bedürftigen, die hier in der Schlange vor dieser Suppenküche anstehen, vielleicht sogar etwas Ähnliches wie Kriegsheimkehrer sind, heimgekehrt aus einem Krieg gegen Arme, Alte, Kranke und Schwache.

Ich dachte an den Bioladen, in dem ich seit Jahren einkaufe. Als umweltbewusster Mensch und ausgestattet mit dem Wissen über gesunde Ernährung aus meinen medizinischen Frauenberufen, ernähre ich mich statt mit billigem Essen lieber ökologisch sinnvoll. Ich kaufe gerne im Bioladen ein. Die Atmosphäre ist freundlich, der Laden hell und warm und die Bedienung zuvorkommend. Ich weiß, dass ich meinem Körper und auch meiner Seele etwas Gutes tue. Und ich sorge gleichzeitig für die regionale Landwirtschaft statt für global player, die nur für den Profit Erdbeeren im Winter quer über den Globus fliegen.

Wenn ich mir in Zukunft mit meiner Armutsrente Lebensmittel bei der Tafel holen müsste, wäre ich gezwungen, mich nicht nur in diese Schlange zu stellen, ich wäre auch gezwungen, meine gesundheitlichen und ethischen Standpunkte aufzugeben.

Natürlich respektiere ich das Engagement der etwa 60.000 ehrenamtlich bei den Tafeln arbeitenden Helfern, die verhindern, dass 1,5 Millionen Menschen in Deutschland öffentlich auf der Straße verhungern. Es würde auch kein besonders schönes Bild abgeben, wenn in Deutschland Menschen auf der Straße verhungern.

Aber 1.000 existierende Tafeln sind ein Zeichen dafür, dass der Staat seine Schutzfunktion längst abgegeben hat. Aus dem Boden schießende Sozialkaufhäuser, Wärmestuben, Kleiderkammern und Tafeln haben einen bitteren Beigeschmack. Almosen sind nicht sozial und sorgen nicht für Gerechtigkeit, sondern verschleiern und verharmlosen das Problem, dass immer mehr Menschen von dem Geld, das sie verdienen oder als Rentner erhalten, nicht mehr leben können.

Die Möglichkeit, zur Tafel zu gehen, um im Alter vielleicht doch überleben zu können, schied für mich aus. Ich verließ die Schlange der immer noch geduldig Wartenden und ging heim.

Ich kann das für die Politik bequeme System der Armenspeisung moralisch nicht unterstützen. Ich möchte mich weiterhin gesund ernähren und ich will meine ethischen Standpunkte nicht verraten.

Ich dachte zum ersten Mal darüber nach, aus Deutschland wegzugehen.

Eine Antwort vom Amt war immer noch nicht gekommen. Das Datum für die Beantragung meiner Rente rückte näher. Ich musste bald eine Entscheidung treffen. Die Vorstellung aber, im Alter von 65 Jahren aus meiner Heimat aufgrund finanzieller Not weggehen zu müssen und alles hinter mir zu lassen, ängstigte mich. Vielleicht sollte ich doch ins Pfandflaschengeschäft einsteigen.

Pfandflaschen liegen überall herum. In jeder Ecke stehen Altglascontainer. Aus jedem Mülleimer lassen sich Kostbarkeiten fischen. In bares Geld verwandelbare Kostbarkeiten. Wenn ich schon keine anständige Altersrente erhalte, kann ich mich vielleicht mit der so genannten Trittin-Rente über Wasser halten.

Trittin, der grüne Umweltminister, der im Jahr 2004 nicht nur die Kürzung des Rentenniveaus und eine Besteuerung der Renten mit beschlossen hat, ist der Namensgeber der Idee, dass Rentner, die durch Kürzung und Besteuerung der Rente in Altersarmut fallen, mit dem fleißigen Sammeln von Dosen und Einwegflaschen ihren vorherigen Lebensstandard problemlos wieder herstellen können. Die Trittin-Rente eben.

Was Tausende von Rentnern machen, kann ich doch auch. Tag und Nacht durch die Straßen streifen, Bierflaschen aus versifften Mülleimern ziehen, in der City neben den Geschäften von Gucci und Armani leer getrunkene Bionadeflaschen aufklauben, mich bei Sport- und sonstigen Kulturveranstaltungen um stinkende Abfälle streiten. Zum einen käme ich wunderbar an die Luft, zum zweiten hätte ich genug Bewegung, was im Alter besonders wichtig ist und zum dritten müsste ich nicht alleine zuhause sitzen und gelangweilt aus dem Fenster gucken.

Ich beschloss, mich auf das Sammeln ausschließlich von großen Plastikflaschen zu konzentrieren. 0,25 Euro steuerfreie Einnahme pro Stück. Vier Flaschen wären ein Euro. Vierhundert Flaschen sind 100 Euro. Um einigermaßen leben zu können, müsste ich nur viertausend Flaschen im Monat sammeln. Viertausend Flaschen im Monat sind 133 Flaschen am Tag. Das sollte doch machbar sein. Schließlich hat man als Rentner den ganzen Tag Zeit.

Meine Zukunft war gerettet. Von meiner Rente und den tausend Euro Pfand würde ich mir ein Wohnmobil kaufen und den Herbst meines Lebens genießen. Dann las ich, dass eine andere Rentnerin, die Pfandflaschen aus einem Mülleimer an einem Bahnhof gefischt hat, eine Anzeige wegen Hausfriedensbruch, Hausverbot im Bahnhof und eine Geldstrafe von 2.000 Euro bekommen hat. Vielleicht sollte ich doch nicht ins Pfandflaschengeschäft einsteigen.

Am Ende lande ich noch im Gefängnis statt im sonnigen Süden.

Ich musste der trostlosen Wahrheit ins Auge blicken. Ich würde arm sein und es bis an mein Lebensende bleiben. Es würde keinen Silver Ager geben, der bereit war, seine Beamtenpension mit einer emanzipierten Frau zu teilen. Einer Frau, die seit fünfzig Jahren für Emanzipation eintrat und fünfzig Jahre später erkennen muss, dass in Deutschland ein Mann immer noch die beste Altersvorsorge für Frauen ist. Kein Arzt und auch sonst keiner würde verstehen, dass mich diese Realität deprimiert. Auf politische Entscheidungen, die meine finanzielle Situation verbessern könnten, würde ich bis zum St.Nimmerleinstag warten müssen. Meine Arbeit als medizinische Spezialistin würde ich nicht bis zu meinem Tod ausführen können. Mit 80 Jahren kann ich keine anderen 80-Jährigen gesundheitlich betreuen. Grundsicherung würde ich nicht beantragen. Ich möchte mich für 151 Euro nicht demütigen lassen. An der Tafel würde ich mich nicht anstellen. Meine Selbstachtung ist mir wertvoller als ein paar geschenkte Lebensmittel. Und Flaschen würde ich auch nicht sammeln. Meine Würde ist und bleibt nämlich, auch wenn ich arm bin, unantastbar.

Nachdem ich lange genug der Wahrheit ins Auge geblickt hatte, wurde mir klar, dass mich eine Zukunft erwartete, die auf Deutsch gesagt, beschissen aussah. Lebendig begraben. Allein und verarmt. Soziale und gesellschaftliche Aktivitäten unbezahlbar. Ein Sterben auf Raten. Ich müsste jeden Cent umdrehen und auf alles, was mir

Freude macht, verzichten. Ich könnte nie mehr in Urlaub fahren. Ich könnte nie mehr in ein Restaurant essen gehen. Ich könnte nie mehr zu einem Konzert oder ins Kino gehen. Ich könnte meinen Enkelkindern nichts mehr zum Geburtstag oder zu Weihnachten schenken. Nichts, was teurer als 10 Euro ist. Ich könnte mir keine neue Kleidung kaufen. Ich könnte mir keine Zahnsanierung mehr leisten und nicht mehr zum Friseur gehen. Ich würde, eingesperrt in meiner Wohnung, leben wie ein unmündiges Kind. Ich könnte keine Entscheidungen mehr treffen. Weil jede Entscheidung, ob es eine Mahlzeit außer Haus, ein Kaffeeklatsch mit Freundinnen oder ein Ausflug ist, Geld kostet. Geld, das ich nicht habe.

Ich würde meine Souveränität und Freiheit verlieren.

Meine Freiheit, wie ein erwachsener Mensch zu leben.

Ich weinte. Ich wollte nicht trostlos auf meinen Tod warten. Ich wollte leben. Aber nicht so. Und dann wurde ich wütend. Richtig wütend. So wütend wie nie zuvor in meinem Leben.

Das sollte das Ergebnis sein. Nach 45 Jahren Arbeit in einem gesellschaftlich relevanten ehrbaren Beruf Tag und Nacht geschuftet. Zwei Kinder alleine großgezogen, die beide ein Universitätsdiplom haben. Intelligent. Tüchtig. Kreativ. Engagiert für soziale Belange, interessiert an Politik und ausgestattet mit Moral und Ethik.

Das sollte die Anerkennung meiner Leistung sein. Der Respekt, der mir entgegengebracht wird, für das, was ich in meinem Leben geleistet habe. In erbärmliche Altersarmut abgeschoben. Behandelt wie ein unmündiges Kind und ein Häuflein Dreck.

Ich bin nicht die Einzige, die so behandelt wird. Acht Millionen Menschen beziehen soziale Mindestsicherung, davon sind sechs Millionen Hartz IV-Empfänger. Schätzungen gehen von weiteren drei Millionen aus, die bedürftig sind, aber aus Angst oder Scham keine Hilfe beantragen. Dreizehn Millionen Menschen arbeiten in prekären Beschäftigungsverhältnissen mit einem Nettoverdienst unter 1.000 Euro im Monat. Die Armutsgefährdung hat sich seit dem Jahr 2004 verdoppelt und die Zahl der Leiharbeiter ist ebenfalls seitdem um 43% angestiegen. Sechzehn Millionen Menschen sind arm oder von Armut bedroht, ein Fünftel der Bevölkerung. Drei Millionen Kinder leben in Armut.

Keine positive Bilanz für ein Land, in dem es angeblich allen gut geht. Mir ging es nicht gut. Mein Stolz und meine Würde waren verletzt, ich fühlte mich beschämt und im Stich gelassen von einer Politik, die nicht müde wird, zu betonen, dass sich Leistung und Arbeit lohnen. Ich war wütend auf das Land, in dem ich geboren und aufgewachsen bin. Wütend auf die Politik, die mich verletzt, beschämt und im Stich lässt.

An meiner finanziellen Lage würde sich nichts mehr ändern. Ich würde bis an mein Lebensende in Armut versinken. Ich hätte keine Chance mehr, etwas daran zu ändern.

Meine Entscheidung war gefallen.

Ich beschloss, Deutschland für immer zu verlassen.

Deutschland war nicht mehr mein Land.

Ich beantragte meine um fünf Monate und sechs Euro reduzierte vorgezogene Rente, kündigte meine Wohnung, verkaufte alles, was ich in mein neues Leben nicht mitnehmen wollte, buchte mir einen Flug und verließ meine Heimat.

Ich will noch leben. Ich will den Herbst meines Lebens genießen und noch eine schöne Zeit haben. Frei von dem krank machenden Stress des finanziellen Überlebens. Alt und gebrechlich werde ich auch in der Ferne. Wenigstens bin ich dann dort in der Sonne und von ein wenig mehr Wärme umgeben.

Weitere Bücher der Autorin:

Warum der Feminismus Käse ist
und Frauen – nach wie vor –
besser einen reichen Mann heiraten sollten

BoD – Books on Demand, Norderstedt

ISBN: 9 7837431 90702